Les fourmis

DÉCOUVRONS LES INSECTES

Deborah Hodge

Illustrations de Julian Mulock

Texte français du Groupe Syntagme inc.

Éditions
SCHOLASTIC

Pour Linda Bailey et Cynthia Nugent, deux amies pleines de talent.

Remerciements
Tous mes remerciements à Paula E. Cushing, entomologiste et arachnologiste, conservatrice à l'unité
de zoologie du Denver Museum of Nature and Science au Colorado, qui a révisé avec soin le texte et les illustrations.
Je remercie aussi Heidi Lumberg, ex-directrice des publications du Denver Museum of Nature and Science Press,
qui a soutenu notre projet avec l'aide de ses employés. Un merci tout spécial à Julia Naimska, pour l'attrayante mise en page,
et à Valerie Wyatt, mon éditrice, avec qui il est toujours agréable de préparer un livre.

Conception graphique : Julia Naimska

Catalogage avant publication de la Bibliothèque nationale du Canada

Hodge, Deborah
Les fourmis / Deborah Hodge ; illustrations de Julian Mulock ;
texte français du Groupe Syntagme.

Traduction de: Ants.

ISBN 0-439-96608-6

1. Fourmis–Ouvrages pour la jeunesse. I. Mulock, Julian II. Groupe Syntagme Inc III. Titre.

QL568.F7H6414 2004   j595.79'6   C2003-905404-7

Édition publiée par les Éditions Scholastic, 175 Hillmount Road,
Markham (Ontario) L6C 1Z7, avec la permission de Kids Can Press Ltd.

5 4 3 2 1   Imprimé à Hong-Kong, Chine   04 05 06 07

Table des matières

Ça fourmille

Qu'est-ce qui a six pattes et peut soulever plusieurs fois son propre poids? Une fourmi!

Les fourmis peuvent soulever de très lourdes charges. Cette fourmi coupeuse de feuilles transporte une feuille qu'elle mâchera et utilisera pour fertiliser ses cultures.

Si tu avais la force d'une fourmi, tu pourrais soulever un adulte.

Les fourmis sont des insectes très occupés. Elles courent le long des arbres, sur les pierres et sous la terre.

La fourmi

Ses **yeux composés** comptent de nombreuses parties plus petites.

La fourmi mâche, creuse, soulève des choses et se défend avec ses grosses **mandibules.**

La fourmi touche, goûte et sent grâce à ses deux **antennes.** Pour « parler » entre elles, les fourmis se touchent les antennes.

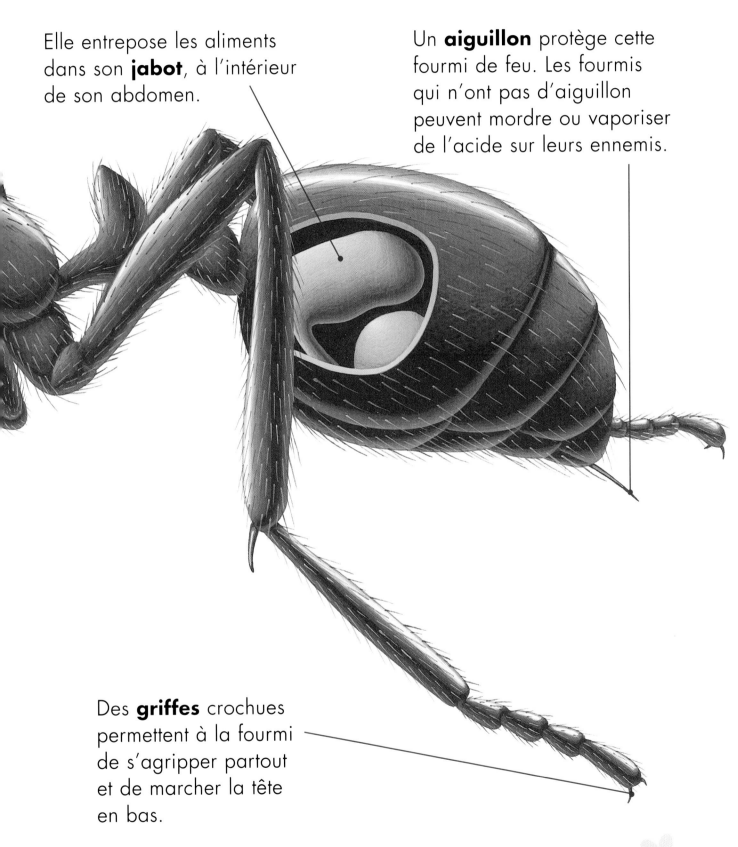

Elle entrepose les aliments dans son **jabot**, à l'intérieur de son abdomen.

Un **aiguillon** protège cette fourmi de feu. Les fourmis qui n'ont pas d'aiguillon peuvent mordre ou vaporiser de l'acide sur leurs ennemis.

Des **griffes** crochues permettent à la fourmi de s'agripper partout et de marcher la tête en bas.

Fabrique une fourmi

Demande à un adulte de t'aider à fabriquer ta propre fourmi.

Il te faut :

- 3 boules de styromousse : une grande boule en forme d'œuf, une petite boule ronde et une boule moyenne en forme d'œuf
- de la gouache noire et un pinceau
- 1 cure-dents
- 3 cure-pipes
- 2 petites attaches parisiennes pour les yeux

Ce que tu dois faire :

1 Peins les balles et le cure-dents en noir. Laisse-les sécher.

2 Attache les balles ensemble à l'aide du cure-dents et d'un cure-pipes, comme sur l'illustration.

3 Découpe deux cure-pipes en trois pour faire les six pattes. Enfonce-les dans le corps de la fourmi. Fabrique deux antennes avec deux petits bouts du troisième cure-pipes, et les mandibules, avec deux autres morceaux encore plus petits.

4 Enfonce les attaches parisiennes à la place des yeux.

La fourmi a une taille longue et mince qui lui permet de se faufiler dans des espaces très étroits.

Une maison spéciale

On trouve des fourmis partout dans le monde, sauf dans les régions très froides. Elles forment de grands groupes que l'on appelle des colonies.

Les fourmis d'une colonie travaillent ensemble et partagent la nourriture. Elles creusent leur maison dans le sol, ou construisent un nid dans un arbre ou dans du bois mort.

Une colonie de fourmis tisserandes se fabrique un nid dans un arbre. Elles « cousent » des feuilles ensemble, au moyen de fils soyeux produits par les jeunes fourmis de la colonie.

Certaines colonies comptent plus d'un million de fourmis.

La fourmilière abrite une colonie de fourmis. Les fourmis creusent des galeries dans le sol et font un monticule avec toute la terre accumulée.

Sous terre

Cette colonie de fourmis moissonneuses vit sous terre. Elles creusent des galeries et des chambres dans le sol.

La colonie travaille très dur. Chaque fourmi a une tâche particulière à accomplir.

Cette fourmi transporte un œuf dans ses fortes mandibules. Les fourmis déplacent les œufs d'un étage à l'autre pour les maintenir à la bonne température.

Les fourmis moissonneuses mâchent des graines pour faire le « pain » mou qui sert d'aliment à la colonie.

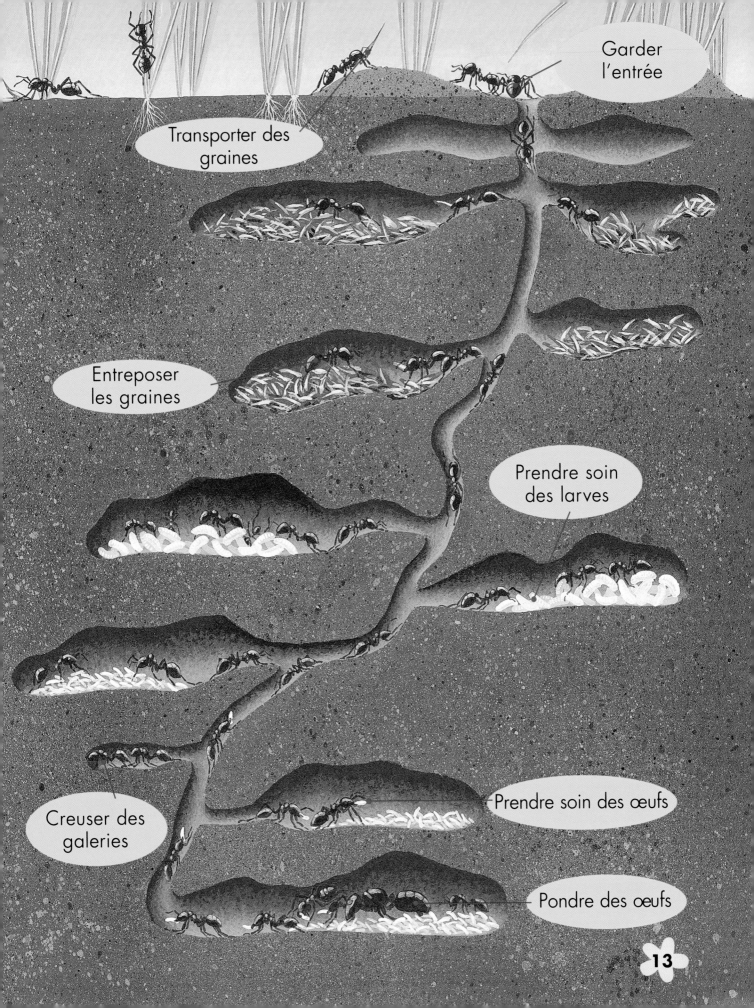

Fourmis au travail

Demande à un adulte de t'aider à trouver des fourmis pour que tu puisses les observer de plus près.

Il te faut :

- un morceau d'orange ou d'un autre fruit
- un morceau de biscuit
- une cuillerée de poulet, de jambon ou de thon en conserve
- 3 petites assiettes
- des gants de jardinage pour manipuler les fourmis
- un pot de verre avec un couvercle
- une loupe (facultatif)

Ce que tu dois faire :

1 Place un type d'aliment dans chaque assiette et dépose les assiettes près d'une fourmilière. Attends que les fourmis trouvent la nourriture. Quels aliments préfèrent-elles?

2 Demande à un adulte de déposer dans le pot les aliments sur lesquels il y a des fourmis, puis mets le couvercle.

3 Observe bien les fourmis. Sers-toi d'une loupe, si tu en as une. Peux-tu voir les trois parties de leur corps et leurs antennes?

4 Lorsque tu as terminé, demande à un adulte de libérer les fourmis.

Le savais-tu?

Certaines fourmis aiment les aliments sucrés. D'autres préfèrent la viande ou le poisson. Lorsqu'une fourmi trouve à manger, elle retourne à la colonie en semant de petites gouttes d'odeur sur son chemin. Pour retrouver la nourriture, les autres fourmis de la colonie suivent la piste formée par les gouttes.

Ne touche pas des fourmis avec tes mains nues. Elles peuvent mordre ou piquer. Fais attention aux fourmis de feu.

Qui fait quoi?

Il y a trois sortes de fourmis dans une colonie : les ouvrières, les mâles et la reine.

L'**ouvrière** est une fourmi femelle. Elle s'occupe des tâches quotidiennes de la colonie. La plupart des fourmis sont des fourmis ouvrières. Elles peuvent vivre jusqu'à une année.

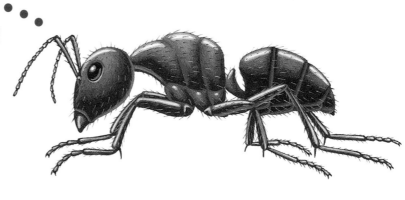

La **reine** pond les œufs, qui deviendront des bébés fourmis. Les ouvrières la nourrissent et en prennent soin. Certaines colonies comptent plus d'une reine.

Le **mâle** s'accouple à la reine pour qu'elle puisse pondre des œufs. Les fourmis mâles meurent après l'accouplement.

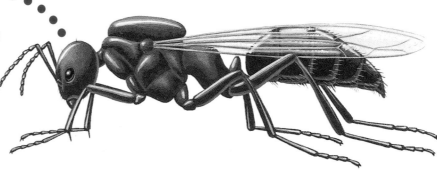

La reine est la plus grosse fourmi de la colonie. Peux-tu la trouver? Elle est en train de pondre des œufs.

Dans les colonies de fourmis légionnaires, la reine peut pondre jusqu'à 4 millions d'œufs par année.

Une fourmi est née!

La fourmi passe par plusieurs stades de croissance. Peux-tu les compter? Tout commence par un œuf.

1 L'œuf

Au début, la fourmi n'est qu'un tout petit œuf à peine plus gros qu'un grain de sable.

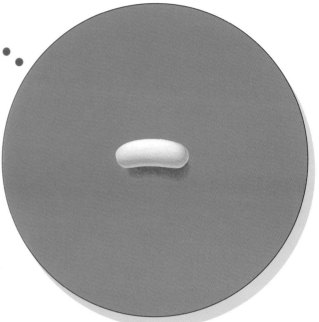

2 La larve

De l'œuf sort une larve. Les ouvrières la nourrissent et en prennent soin. À mesure que la larve grandit, son enveloppe devient trop étroite. Alors, elle s'en débarrasse et en forme une nouvelle. La larve change ainsi d'enveloppe quatre ou cinq fois.

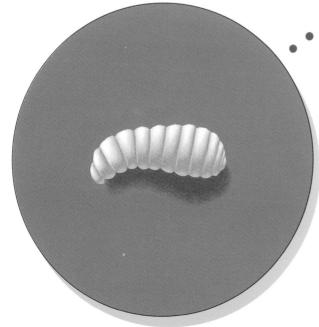

3   La pupe

La larve s'enferme dans un cocon qu'elle a tissé. C'est maintenant une pupe. La pupe grandit et se transforme à l'intérieur de son cocon.

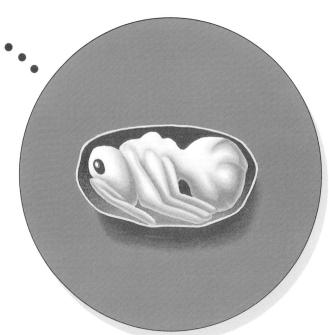

4   L'adulte

La pupe devient une fourmi adulte. Les ouvrières déchirent le cocon avec leurs mandibules, et la nouvelle fourmi, toute pâle, en sort. Mais elle devient vite forte, foncée et prête à se mettre au travail.

Les ouvrières lèchent les œufs et les fourmis qui n'ont pas terminé leur croissance pour les garder propres.

À chacun sa place

**Fais ta propre fourmilière avec
de la pâte à modeler.**

Il te faut :

- le couvercle d'une boîte à chaussures
- un crayon
- de la pâte à modeler
- de la colle
- des morceaux d'aliments qui
  représenteront les fourmis : un pruneau,
  de la noix de coco hachée, du riz,
  du riz soufflé, des raisins secs clairs
  et des raisins secs foncés

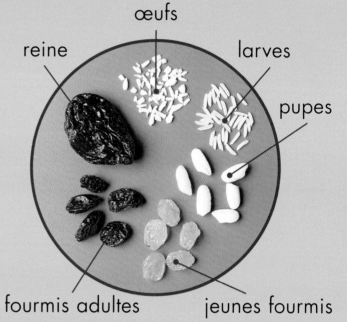

reine · œufs · larves · pupes · fourmis adultes · jeunes fourmis

Ce que tu dois faire :

1 À l'aide d'un crayon, dessine cinq
chambres reliées par une galerie à
l'intérieur du couvercle de la boîte à
chaussures.

2 Fabrique de longues lanières en
roulant de la pâte à modeler. Presse
les lanières le long des lignes que tu
as tracées.

3 Colle les prétendues fourmis :
- le pruneau est la reine, et la noix
  de coco, ses œufs
- le riz représente les larves
- le riz soufflé représente les pupes
- les raisins secs clairs sont les
  jeunes fourmis
- les raisins secs foncés sont les
  fourmis adultes.

Une faim de... fourmi

Les fourmis ne mangent pas toutes les mêmes aliments.

Certaines chassent les insectes. D'autres recueillent le liquide sucré produit par les plantes et les insectes. D'autres encore ramassent des graines ou des miettes d'aliment que les gens laissent tomber. Les fourmis rapportent la nourriture à la colonie.

Ces fourmis à miel entreposent du liquide sucré dans leur abdomen, qui s'étire comme un ballon. De retour à la colonie, elles régurgitent le liquide pour nourrir les fourmis affamées.

Leur abdomen est rempli de liquide sucré.

Certaines fourmis sucent le liquide sucré produit par de petits insectes qu'on appelle « pucerons ».

Ces fourmis affamées attaquent un ver. Elles le découperont en morceaux, qu'elles rapporteront à la colonie pour les manger.

Qu'est-ce qu'on mange?

Imagine que tu es une fourmi et que tu dois trouver des aliments en les reniflant.

Il te faut :

- un bandeau
- 2 aliments odorants (quartier de citron ou d'orange, saucisson à l'ail, fromage fort ou beurre d'arachides)
- 2 substances odorantes qui ne se mangent pas (dentifrice, savon parfumé, crème à raser, tampon d'ouate sur lequel tu as vaporisé du parfum)
- 4 petits pots de verre ou de plastique avec leur couvercle

Les fourmis « sentent » à l'aide de leurs antennes.

Ce que tu dois faire :

1 Noue le bandeau autour de tes yeux.

2 Demande à un adulte de placer une substance odorante dans chaque pot, puis de remettre le couvercle. Il devrait y avoir deux aliments et deux produits non alimentaires dans les pots.

3 Soulève le couvercle de chacun des pots et renifle le contenu. Sais-tu dans quels pots il y a des aliments? Peux-tu deviner de quel aliment il s'agit?

Défilé de fourmis

Les fourmis légionnaires n'ont pas de maison. Elles « marchent » d'un endroit à un autre à la recherche de nourriture. Pour traverser une rivière, elles flottent sur des feuilles ou construisent des ponts à l'aide de leur corps.

Les fourmis légionnaires mangent tout ce qui se trouve sur leur chemin. Celles-ci mangent un scarabée.

Les fourmis légionnaires se déplacent en groupes de plus d'un million d'individus.

Pour se reposer, les fourmis légionnaires forment une grosse boule. La reine, les œufs et les jeunes se trouvent à l'abri, à l'intérieur de la boule.

Amies de la nature

Les fourmis sont des amies de la nature.

Les galeries qu'elles creusent permettent au sol de respirer. L'air garde le sol en santé et aide les plantes à grandir. De plus, les fourmis nous débarrassent des plantes et des insectes morts. Certaines fourmis se nourrissent de parasites qui peuvent nuire aux cultures.

Cette fourmi mange une chenille nuisible pour les arbres.

Les fourmis vivent sur Terre depuis plus de 100 millions d'années.

Les fourmis charpentières construisent des galeries dans des troncs d'arbres morts ou d'autres pièces de bois. Le bois qu'elles ont mâché en creusant se transforme en terre fertile.

D'autres fourmis

Il existe plus de 8 000 sortes de fourmis sur la Terre. En voici quelques-unes.

Fourmi bergère transportant un puceron

Fourmi solitaire géante

Fourmi Conga

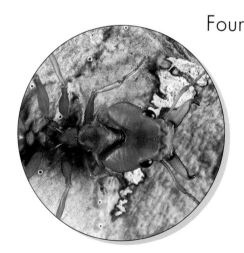

Fourmi à mâchoire piège

Fourmi tisserande asiatique

Lexique de la fourmi

cocon : enveloppe soyeuse de la pupe

colonie : groupe de fourmis qui vivent et travaillent ensemble

jabot : poche qui contient les aliments et qui est située dans l'abdomen d'une fourmi

larve: stade de la croissance de la fourmi, où elle ressemble

à un ver, juste après le stade de l'œuf

mâle : fourmi qui s'accouple avec la reine

accouplement : union de la reine et du mâle dans le but de produire des œufs

fourmilière : maison construite par les fourmis, souvent dans le sol

pupe : stade de la croissance où la fourmi se trouve dans un cocon

reine : fourmi qui pond tous les œufs de la colonie

ouvrière : fourmi femelle qui effectue toutes les tâches quotidiennes de la colonie

Index